www.ingramcontent.com/pod-product-compliance
Lightning Source LLC
LaVergne TN
LVHW021240080526
838199LV00088B/5294
9789358724370

ڈاکٹر الیاس عشقی کی یادیں

سلطان جمیل نسیم

© Sultan Jameel Naseem

Dr. Ilyas Ishqi ki yaadeiN

by: Sultan Jameel Naseem

Edition: June '2024

Publisher :

Taemeer Publications LLC (Michigan, USA / Hyderabad, India)

ISBN 978-93-5872-437-0

9 789358 724370

مصنف یا ناشر کی پیشگی اجازت کے بغیر اس کتاب کا کوئی بھی حصہ کسی بھی شکل میں بشمول ویب سائٹ پر اَپ لوڈنگ کے لیے استعمال نہ کیا جائے۔ نیز اس کتاب پر کسی بھی قسم کے تنازع کو نمٹانے کا اختیار صرف حیدرآباد (تلنگانہ) کی عدلیہ کو ہو گا۔

© سلطان جمیل نسیم

کتاب	:	**ڈاکٹر الیاس عشقی کی یادیں**
مصنف	:	**سلطان جمیل نسیم**
پروف ریڈنگ / تدوین	:	اعجاز عبید
صنف	:	غیر افسانوی نثر
ناشر	:	تعمیر پبلی کیشنز (حیدرآباد، انڈیا)
سالِ اشاعت	:	۲۰۲۴ء
صفحات	:	۴۸
سرورق ڈیزائن	:	تعمیر ویب ڈیزائن

جوانی جس کو شاعروں نے زندگانی کہا ہے جب منہ پھیر کر چل دیتی ہے تو پھر ہر حیلے ہر بہانے گزرے دن گزارنے اچھے لگتے ہیں۔ یہی حال آج میرا ہے مجھے 1955ء کے وہ دن یاد آرہے ہیں جب میں نے پہلی مرتبہ ریڈیو اسٹیشن کی حدود میں قدم رکھا اور وہاں ایک ایسے نوجوان بزرگ سے ملاقات ہوئی جو آج تک بزرگی اور جوانی کو سنبھالے بیٹھے ہیں۔

حیدرآباد کے ہوم اسٹیڈ ہال میں ریڈیو اسٹیشن قائم ہوا تھا لیکن درحقیقت ہال کو مشاعروں اور اسٹیج ڈراموں کے لئے چھوڑ دیا گیا تھا جہاں مشاعرے تو کئی ہوئے لیکن ڈرامہ کوئی نہیں ہوا۔ ہال کو بالکل خالی نہ رکھنے کے لئے اسکرپٹ کاپی کرنے والے حضرات کو وہاں بٹھا دیا گیا تھا۔ ہال کے دونوں طرف یعنی شمالاً اور جنوباً کمرے بنے ہوئے تھے گیٹ سے داخل ہوں تو سامنے کی طرف ریجنل ڈائریکٹر سے لے کر پروگرام آرگنائزرس تک کے کمرے تھے اور پیچھے کی جانب اسٹوڈیوز بنائے گئے تھے ریجنل انجینئر امتیاز رفیقی اور ان کے معاون نظیر احمد وڑائچ کے دفتر اور انجینئرنگ سیکشن کے برابر سے جو نیم روشن گول زینہ جاتا تھا اس کو طے کرکے اوپر

پہنچیں، تو وہاں چار پروڈیوسرز بیٹھے نظر آتے تھے ایک چوہدری محمود الحسن تھے دوسرے الیاس عشقی تیسرے ایم بی انصاری اور چوتھے مسعود احمد۔ علیک سلیک سب سے لیکن پہلی نظر میں جو شخص دل میں اتر گیا تھا اٹھنا بیٹھنا اسی کے ساتھ اور دل میں اتر جانے والا وہی نوجوان بزرگ جس کے سر کے تمام بال سفید تھے بھنووں میں البتہ دو چار سیاہ بال چمک رہے تھے چہرے پر وہی سرخی تھی جو سرخ پتھروں کے دیس کے شہزادے کے چہرے پر ہونا چاہیے۔

میں اس زمانے میں دسویں پاس کرنے کے بعد تفریحاً کراچی گیا تو وہاں یکے بعد دیگرے دو مشکلوں سے دوچار کر دیا گیا پہلی بات تو یہ ہوئی کراچی پہنچنے کے تیسرے دن والد صاحب اپنے ساتھ لے گئے اور ایس ایم کالج میں داخل کروا دیا، اردو کے استاد خان رشید سے ان کے مراسم تھے اس زمانے میں پرنسپل ڈاکٹر غلام مصطفی شاہ مرحوم تھے اور وائس پرنسپل کوہاٹی صاحب۔ ابھی کالج جاتے ہوئے جمعہ جمعہ آٹھ دن بھی نہیں ہوئے تھے کہ اپنے دوست سید حسن ظہیر جعفری کے ساتھ بھائی سے ملنے چلا گیا۔ سید ذوالفقار حیدر رضوی ڈویژنل انجینئر ٹیلی گراف اور ٹیلی فون کے محکمے میں شاید ہیڈ کلرک تھے۔ کراچی میں مارٹن روڈ کے کوارٹر میں رہتے تھے انہوں نے ہمیں میٹرک کے لئے بغیر معاوضہ کے تیاری کروائی تھی بھرت پور کے رہنے والے تھے۔ قیام پاکستان سے پہلے ہی صبا صاحب کی رثائی شاعری کے عاشق تھے ان کے بچے بھی ان کو بھائی کہتے تھے جن کی دیکھا دیکھی ہم بھی کہنے لگے

ہمارے میٹرک پاس کرنے کی خوشی ہم سے زیادہ بھائی کو ہوئی تھی لیکن جب انہوں نے یہ سنا کہ ہم نے ایس۔ ایم۔ کالج میں داخلہ لے لیا ہے تو لمحہ بھر کے لئے خاموش ہوئے پھر ان کی خوشی غصے میں بدلنے لگی۔

"تم حیدر آباد سے تفریح کرنے آئے تھے یا کالج میں داخلہ لینے؟ کب تک بوجھ بنے رہو گے باپ پر۔؟ کوئی کام کرو ہاتھ بٹاؤ صبا صاحب کا۔"

ہمیں اپنے والد کے لئے بھائی کی یہ ہمدردی اچھی لگی۔ کہا۔ لیکن ہمیں کوئی کام نہیں آتا۔۔۔

بھائی نے ہمیں جملہ پورا نہیں کرنے دیا بولے۔

"تمھیں تو انٹرنس پاس کرنا بھی نہ آتا تھا ایک مرتبہ فیل ہو چکے تھے وہ بھی ہم نے پاس کرایا ہے اب نوکری دلانے کی ذمہ داری بھی ہماری۔۔۔۔۔۔۔۔ حیدر آباد میں گھر ہے تمہارا۔۔۔۔۔۔ وہاں چلے جاؤ فی الوقت تین مہینے تمہیں ٹیلی گراف آفس میں کام کرنا پڑے گا۔۔۔۔۔۔ بعد کی بعد میں دیکھیں گے ابھی تو تم حیدر آباد کا ٹکٹ کٹاؤ"

"اور یہاں پاپا نے جو کالج میں نام لکھوایا ہے۔۔۔۔۔۔؟ "ہم نے منمنا کر پوچھا

"وہ لکھا رہے گا۔۔۔۔۔۔۔ صبا صاحب کے تو تعلقات ہیں نا۔۔۔۔۔۔۔ بس آ کے امتحان دے دینا۔۔۔۔۔۔۔ اب زیادہ سوال جواب کی ضرورت نہیں یہ

مٹھائی کھاؤ، چائے پیو اور کل ہمارے پاس دفتر آ جاؤ"

بھائی کی بات ہم نے راز کی طرح اپنے دل میں رکھی دوسرے دن ان کے دفتر گئے اپائنٹمنٹ لیٹر وصول کیا وہاں سے اٹھ کر والد صاحب کے پاس آئے ذرا دیر چپ بیٹھے پھر کہا" ابھی تو کالج میں داخلے ہو رہے پڑھائی شروع ہونے دس پندرہ دن تو لگیں گے جب تک حیدر آباد ہو آتے ہیں۔ میرے والد اس زمانے میں صرف ایک کمرے میں رہ رہے تھے مجھے سونے کے لئے کسی خالہ ماموں کے پائنتی یا سرہانے جگہ مل جاتی تھی تو پڑا رہتا تھا۔۔۔۔۔۔ میری بات سن کر انہوں نے حیدر آباد جانے کی اجازت کے طور پر دس روپے کا نوٹ دیا۔ اس زمانے میں حیدر آباد کا ٹکٹ ایک روپیہ دس آنے میں آتا تھا۔۔۔۔۔۔۔ اس غیر ضروری تفصیل پر ناک بھوں نہ چڑھائیے میں پہلے ہی کہہ چکا ہوں کہ گزرے دن گزارنے اچھے لگتے ہیں۔

ٹیلی گراف آفس کی ملازمت کا پے اسکیل کیا تھا یہ تو خبر نہیں۔۔۔۔۔۔۔۔۔ مہینہ بھر تک فائلوں کو خواہ مخواہ کھولنے بند کرنے کے 83 روپے 8 آنے مل گئے عید بقر عید پر بھی دس پندرہ روپے عیدی میں جمع نہیں ہوتے تھے چنانچہ ہم خود کو شہنشاہ سمجھنے لگے پاؤں زمین پر نہ ٹکتے ہی نہ تھے۔ امی کو جا کے ساری تنخواہ دی۔۔۔۔۔۔ انہوں نے پہلے بلائیں لیں' پھر آٹھ آنے صدقے کے لئے تکیے کے نیچے رکھ دیئے۔ دو روپے کی مٹھائی منگا کر نیاز دی اور جیب خرچ کے لئے پانچ رُپے دیئے۔ جس میں سے ہم نے آزاد بک ڈپو صدر جا کے تین

روپے میں منٹو کی کتاب "چغد" خرید لی۔

ہماری ملازمت کی خبر جب والد صاحب کو ہوئی تو وہ خاصے برہم ہوئے جس کا اندازہ ان کے پوسٹ کارڈ سے ہوا۔ انہوں نے لکھا" تم نوکری چھوڑ کے فوراً کراچی آجاؤ اور پڑھائی شروع کرو۔۔۔۔۔" مگر ترا سی روپے آٹھ آنے! عدول حکمی کر نہیں سکتے تھے۔ امی کی طرف سے جواب لکھا کہ ابھی طبعیت ٹھیک نہیں ہے طبیعت ذرا ٹھیک ہو جائے پھر فوراً کراچی بھیج دوں گی۔

اس جواب کے پہنچنے سے پہلے ہی صبا صاحب حیدر آباد گئے۔ وہ مجھ سے ناراض ہوتے تھے تو گھنٹے آدھے گھنٹے کے لئے بات کرنا چھوڑ دیتے تھے۔ اور یہ وقفہ میرے لئے سوہان روح بن جاتا تھا۔

یہی ہوا۔ آدھے گھنٹے بعد میں روتا ہوا ان کے قدموں میں جا بیٹھا۔ نوکری چھوڑنے اور کراچی آکر پڑھنے کا وعدہ کیا۔ تب انہوں نے بات چیت شروع کی اور بات چیت بھی کیا۔ پانچ سات منٹ سمجھایا کہ ایک چھوٹے اور عارضی فائدے کے لئے بڑے اور مستقل فائدے کو نظر انداز کر دینا عقلمندی نہیں ہے۔ کالج میں پڑھو گے 'یونیورسٹی جاؤ گے تو ذہن و فکر میں کشادگی پیدا ہو گی وہاں کی تعلیم تمہیں جو کچھ دے گی وہ ان اسی پچیاسی روپوں سے کہیں زیادہ ہو گا۔ میں نظریں اور گردن جھکائے ان کی باتیں سنتا رہا۔ آخر میں انہوں نے کہا میں پرسوں کراچی جا رہا ہوں۔ میرے ساتھ چلنا۔ میں نے اقرار میں سر ہلا دیا۔

ماں بیٹے کی ملی بھگت۔ پاپا کو اکیلے کراچی جانا پڑا۔ غرض چار مہینے تک ٹیلی گراف آفس میں کلرکی کر کے تراسی روپے آٹھ آنے وصول کرتا رہا۔ آخر جن صاحب کی عوضی میں کام کر رہا تھا وہ چھٹیاں گزار کے آگئے لیکن بھائی سید ذوالفقار حیدر رضوی نے کمال یہ دکھایا جس روز سے ٹیلیگراف آفس میں ملازمت ختم ہوئی اسی دن سے ٹیلی فون کے محکمے میں ٹرنک آپریٹر کی حیثیت کا اپائنٹمنٹ لیٹر آگیا۔ ایک ہی بلڈنگ۔ دفتر سے نکلے۔ ایکسچینج میں جابیٹھے اور سونے پر سہاگہ تنخواہ میں دس روپے کا اضافہ بھی۔

جب میں نے ٹیلی فون آپریٹر کی حیثیت سے کام شروع کر دیا تو میرے والد بہت رنجیدہ ہوئے انہوں نے اپنی دل شکستگی کا اظہار۔ رعنا صاحب یعنی میرے نانا جان سے کیا۔۔۔۔۔۔۔۔۔ میرے نانا۔۔۔۔۔۔ جن کو ہم سب لوگ ابا جان کہتے تھے وہ خاصے معاملہ فہم اور روپیہ پیسے کی قدر و قیمت سے واقف انسان تھے۔ بہت ٹپ ٹاپ میں رہتے تھے۔ مشاعرے میں جانے سے دو گھنٹے پہلے تیاری کرتے تھے۔ کلف لگے کرتے کی آستینوں میں چنٹ ڈالتے۔ چوڑی دار پائجامے کے پائنچے یکساں رکھتے یعنی جتنے بل ایک پائنچے میں اتنے ہی دوسرے میں۔ رگڑ کر شیو کرتے۔ جوتے پالش کراتے۔ شیروانی پر استری پھیری جاتی۔ کپڑوں پر عطر لگاتے۔ پھر ایک پھویا سیدھے کان میں اڑس لیتے۔ اور میرے والد اُن کے بالکل ہی برعکس۔ ابا جان تیار ہو کر آواز دیتے صبا صاحب آیئے۔ تو وہ اٹھ کے کھونٹی پر ٹنگی شیروانی پہنتے ہوئے ساتھ

ہو لیتے۔ ابا جان معائنہ کرتے۔ شیروانی سے باہر نکلتے ہوئے قمیض کے کالر کو اندر کرتے۔ خاص طور سے پائنچے جانچتے کہ کہیں نیچے اوپر تو نہیں ہیں۔

ابا جان نے میری والدہ کو اطمینان دلایا کہ انہوں نے صبا صاحب کو سمجھا دیا ہے۔ اسے نوکری کرنے دو۔

بس اطمینان سے ٹیلی فون کی نوکری ہو رہی تھی کہ حیدرآباد میں ریڈیو اسٹیشن قائم ہو گیا۔ میں سوائے حمایت علی شاعر کے اور کسی نام سے مانوس ہی نہیں تھا اور اس کا سبب یہ تھا کہ حمایت علی شاعر صاحب کا نام کراچی ریڈیو سے نشر ہونے والے ڈراموں میں بھی سنا تھا اور اخباروں، رسالوں میں بھی پڑھا تھا۔

ابتداء میں حیدرآباد ریڈیو سے براہِ راست نشریات کا آغاز نہیں ہوا تھا۔ دوسرے اسٹیشنوں کے ریکارڈ کئے ہوئے پروگرام نشر ہوتے تھے۔ لیکن یہ بہت قلیل عرصہ تھا۔ بہر حال اسی زمانے میں استاد اختر انصاری اکبر آبادی "مشرب" کی ادارت چھوڑ کے مستقلاً حیدرآباد آ گئے۔ انکم ٹیکس آفس میں ایک آفیسر عبدالعزیز خالد تھے یوں حیدرآباد میں ادبی طور پر خاصی چہل پہل ہو گئی۔

سٹی کالج حیدرآباد میں تاریخ پڑھاتے تھے جناب عبدالقوی ضیاء۔۔۔۔ ضیاء صاحب ہوم اسٹیڈ ہال کے مقابل ایک عمارت کی پہلی منزل پر رہتے تھے۔ "نئی قدریں" کے نائب مدیران میں سے ایک تھے۔ ان کے گھر پر ایک تنقیدی نشست ہوئی۔ حیدرآباد ریڈیو کے ریجنل ڈائریکٹر حمید نسیم خصوصی طور پر

شریک ہوئے۔ اس محفل میں مجھے افسانہ پڑھنا تھا۔ بیس بائیس حضرات موجود تھے۔ میں نے سوچا، مجھے اس طرح پڑھنا چاہیئے کہ دروازے کے قریب جو صاحب تشریف رکھتے ہیں ان تک میری آواز پہنچے۔ جو صاحب میرے برابر تشریف فرما ہیں ان کو میری بلند آواز ناگوار بھی نہ گزرے۔ بہر حال اللہ کا نام لے کر افسانہ شروع کیا۔ جب ختم ہوا تو حمید نسیم صاحب کی آواز سنائی دی۔ What a rich voiceاس پوری محفل میں انہوں نے افسانے کے تعلق سے دوسرا جملہ ادا نہیں کیا۔ افسانے پر تنقید ہوئی۔ زبان و بیان کی غلطیاں گنوائی گئیں۔ جب نشست ختم ہوئی تو چلتے وقت حمید نسیم صاحب نے مجھ سے کہا۔۔۔۔ کل دس گیارہ بجے ریڈیو آ کر مجھ سے ملئے۔

اس سے پہلے میری حمید نسیم صاحب سے بات ٹیلیفون پر اس وقت ہوئی تھی جب نشریات شروع نہیں ہوئی تھیں۔ والد صاحب کا خط آیا تھا۔ حمید نسیم ہمارے دوست ہیں۔ ریڈیو کے ڈائریکٹر بن کے حیدر آباد پہنچے ہیں ان سے مل کر معلوم کر لینا کسی چیز کی اور کسی کام کی ضرورت تو نہیں ہے۔ میں نے براہِ راست جانے کے بجائے ٹیلیفون کر کے والد صاحب کی بات ان تک پہنچا دی تھی اور ان کا شکریہ پوسٹ کارڈ میں لکھ کر والد صاحب کو بھیج دیا تھا۔

اب دوسرے دن مقررہ وقت پر حمید نسیم صاحب کے دفتر پہنچا۔ وہاں ایم بی انصاری موجود تھے۔ حمید نسیم صاحب نے ان سے کہا کہ وہ مجھے اسٹوڈیو لے جائیں۔

اسٹوڈیو پہنچے۔ بیچ والا کمرہ جس میں دونوں جانب شیشے لگے تھے میں بھی اس میں چلا گیا تو انصاری صاحب نے مجھے پہلے کمرے میں پہنچایا۔ گرمیوں کے دن تھے۔ ایک ٹب کے اوپر، برف کی سل رکھی ہوئی تھی۔ پنکھا چل رہا تھا۔ ذرا دیر بعد کوئی صاحب۔ غالباً ابراہیم نفیس صاحب مجھے کاغذ کے اوپر لکھی ایک عبارت جو گتے پر چپکی ہوئی تھی دے کر یہ کہتے ہوئے باہر چلے گئے کہ اس کو پڑھیں۔ اس عبارت پر پانی کی بوندیں گری تھیں یا پڑھنے والوں کے آنسو ٹپکے تھے۔ جگہ جگہ سے لفظ پھیلے ہوئے تھے اور پھیکے پڑ گئے تھے مجھ سے پہلے پڑھنے والوں کی انگلیوں کا میل بھی نشانات کی صورت میں جگہ جگہ جما ہوا تھا۔ جب بیچ کے کمرے میں حمید نسیم صاحب بھی پہنچ گئے تو مجھے ہاتھ ہلا ہلا کر اشارے کئے جانے لگے۔ اور میرا یہ حال کہ

اس بزم میں مجھے نہیں بنتی حیا کئے

جب اشاروں پر اشارے ہوا کئے تو ایم بی انصاری صاحب دروازہ کھول کر میرے پاس آئے۔ اُن کے آنے کا انداز ایسا تھا کہ آتے ہی ایک تماچہ ماریں گے لیکن انہوں نے مسکرا کر ملائم لہجے میں الفاظ کو دانتوں سے پیستے ہوئے کہا۔ آپ کو جو اسکرپٹ دیا گیا ہے اس کو پڑھیئے، یہ ہدایت دینے کے بعد وہ پھر شیشے کے دوسری طرف چلے گئے۔ پنکھا بند ہو چکا تھا۔ ماتھے پر پسینے کے قطرے ابھر آئے تھے اور ادھر پھر سے اشارے ہونے لگے تھے۔ میں نے گرمی کی شدت، اور بڑھتی ہوئی گھبراہٹ کے زیر اثر کہا۔ "جناب مجھ سے نہیں پڑھا جا سکتا یہ اسکرپٹ۔۔۔۔شاید

وہ لوگ یہی سننے کے منتظر تھے۔ پہلے حمید نسیم صاحب کمرے سے نکل کر چلے گئے۔ پھر انصاری صاحب اور ابراہیم نفیس صاحب یہ کہتے ہوئے ڈیوٹی روم کی طرف چل دیئے "آپ اپرووAPPROVE ہوگئے مبارک ہو۔"

اس Approval کے کتنے دن بعد مائکروفون پر آنے کا موقع ملا یہ یاد نہیں۔ اتنا یاد ہے کہ پہلا لائیو پلے LIVE PLAY جو حیدر آباد اسٹیشن سے نشر ہوا وہ سلیم احمد کا لکھا ہوا "البرامکہ" تھا اس کے صداکاروں میں محمد علی، ارشاد علی، حمایت علی شاعر، محمد اقبال، فہیم انصاری، سجاد شاہد اور میری آوازیں شامل تھیں۔ خواتین میں صرف دو بہنیں یاد ہیں، حسین جہاں اور نسیم جہاں، جو اپنی والدہ کے ساتھ آتی تھیں۔ بعد میں ہم ان کی والدہ کو "مالکہء دوجہاں" کہنے لگے تھے۔

ٹیلیفون کی ڈیوٹی ختم ہونے کے بعد ریڈیو اسٹیشن جانا معمول بن گیا تھا۔ وہاں کوئی ملے نہ ملے۔ الیاس عشقی صاحب ضرور ملتے تھے۔ رات کے دس بجے ہوں یا گیارہ وہ بیٹھے کچھ نہ کچھ لکھتے پڑھتے رہتے تھے۔ میں جاکر ان کے سامنے خاموش بیٹھ جاتا۔ وہ اپنا کام کرتے ہوئے ایک عام سی بات پوچھتے۔ کیا حال ہے۔؟ میں کہتا، جی اچھا ہوں۔

عشقی صاحب کی شخصیت کے طلسم میں آپ ہی آپ گرفتار ہوتا چلا گیا۔ وہ بات کریں نہ کریں۔ حال پوچھیں نہ پوچھیں میں ریڈیو جاتا۔ پروگرام کرتا اور عشقی صاحب کے سامنے جاکر بیٹھ جاتا۔ شاید میرے اس طرح جاکر بیٹھنے سے وہ بھی تنگ

آ گئے تھے۔ ایک دن پوچھ ہی لیا۔

کہاں تک پڑھا ہے ؟جواب دیا۔ میٹرک تک۔ سوال کیا ، پھر آگے کیوں پڑھتے۔ ڈھلا ڈھلایا جواب۔ فرصت ہی نہیں ملتی۔ کیا کرتے رہتے ہو۔۔۔۔۔۔؟ نوکری۔۔ صبح سے شام تک نوکری کرتے ہو۔؟ اس مختصر سے سوال کا طویل جواب۔۔۔۔ ایک ہفتے صبح چھ بجے سے دو پہر ایک بجے تک ڈیوٹی ہوتی ہے۔ دوسرے ہفتے صبح سات بجے سے دو بجے دن تک۔ تیسرے ہفتے آٹھ سے تین تک۔ پھر اس کے بعد کے ہفتے میں صبح دس بجے سے شام پانچ بجے تک اس کے بعد دو پہر ایک بجے سے رات آٹھ بجے تک پھر دو بجے سے رات نو بجے تک۔ پھر تین سے دس تک۔ چار سے گیارہ تک۔ پانچ سے بارہ تک۔ اور کسی کسی ہفتے رات بارہ بجے سے صبح چھ بجے تک۔۔۔۔۔ ،میں ڈیوٹی چارٹ بتاتا رہا۔۔۔۔ معلوم نہیں وہ سن بھی رہے تھے یا نہیں اس لئے کہ اپنی کہتے ہوئے دو ایک بار اُن کی طرف نظر اُٹھی تو ان کو اپنا کام کرتے پایا۔ میری بات ختم ہوتے ہی کہا۔ تو سٹی کالج میں داخلہ لے لو، وہاں کے پرنسپل سے میری واقفیت ہے فیس میں بھی رعایت ہو جائے گی اپنی ڈیوٹی کے حساب سے کالج جاتے رہنا۔

اب انہیں کیا بتاتا کہ ایک مرتبہ مرزا عابد عباس صاحب کے یہاں اک نشست میں شرکت کی تھی۔ وہاں زاہد نقوی نے تنقید کے لئے غزل پڑھی تھی۔ جس کے ایک شعر کی ابتداء ہی غلط انداز میں پوچھنے سے ہوئی تھی۔ تنقید میں تو

بالکل ہی حصہ نہیں لیا تھا۔ البتہ مصرعے کو دہرایا ایسے تھا کہ سب ہنس پڑے تھے۔ نشست کے اختتام پر مرزا صاحب قریب آئے۔

" آپ کو کبھی نہیں دیکھا۔ " میں نے عرض کیا۔ ابھی کراچی سے آیا ہوں۔ انہوں نے خواہ مخواہ دوسرا سوال کیا۔

"کون سے کالج میں پڑھا ہے وہاں۔؟"

ایک جواب جس میں آدھا سچ آدھا جھوٹ شامل تھا مرزا صاحب کے سامنے پیش کر دیا۔ ایس ایم کالج میں۔۔۔۔۔۔انہوں نے مسکرا کر اپنے قریب کھڑے پروفیسر علی رضا صاحب سے کہا۔ جمیل صاحب نے ایس، ایم کالج سے گریجویشن کیا ہے۔ یا اللہ جو میں نے نہیں کہا وہ میرے تعارف میں شامل ہو گیا۔ شامل کیا ہو گیا۔ مرزا صاحب کی بات کی تردید کو اپنی ہتک سمجھا اور سٹی کالج کے دروازے ہمیشہ کے لئے اپنے واسطے بند کر لئے۔ میں فوراً ہی مرزا صاحب کے پاس سے ہٹ گیا اور ذرا فاصلے پر کھڑے حمایت علی شاعر صاحب کے پاس جا کر ان کی باتیں سننے لگا۔

الیاس عشقی صاحب نے جب سٹی کالج میں داخلہ لینے کے سلسلے میں میری بے تعلقی دیکھی تو اس موضوع پر مجھ سے کبھی بات نہیں کی۔ لیکن اب ان کا رویہ دوسرا ہو گیا۔ کتابوں کی باتیں کرتے۔ بعض مصنفین کے بارے میں بتاتے بعض کے بارے میں پوچھتے ایک دن مجھ سے پوچھا۔ 'سرشار کو پڑھا ہے۔؟"

مجھے ہنسی آگئی لیکن ان کے چہرے پر سنجیدگی کا تقدس پھیلا رہا۔

میں نے خود ہی اپنے ہنسنے کی وجہ بتائی۔" آپ سے پہلے میرے ادبی ذوق کا امتحان لینے کے لئے میرے والد نے بھی مجھ سے یہی سوال کیا تھا اور میں نے اپنے ذوقِ ادب کا اظہار کرتے ہوئے کہا تھا۔جی ہاں اکثر ان کی نظمیں اور غزلیں رسالوں میں پڑھی ہیں۔ یہ سن کر وہ دانت پیس کر رہ گئے تھے اور دوسرے دن اپنے کسی دوست کے یہاں سے فسانہء آزاد کی چاروں جلدیں لے آئے اور کہا میں اگر میں بغیر کوئی غلطی کئے پہلا صفحہ پڑھ دوں تو مجھے ایک روپیہ انعام ملے گا۔" یہ سن کر عشقی صاحب ہنسے اور کہنے لگے۔"افسوس تم ایک روپیہ کا انعام حاصل نہ کر سکے۔"

میں نے عشقی صاحب سے پوچھا۔" آپ کو کیسے معلوم ہوا۔"

اس دن کے بعد سے انگریزی ناول پڑھنے کے لئے ملنے لگے۔اس ہدایت کے ساتھ کہ پہلے پورا صفحہ یا سارا پیراگراف پڑھ لو۔ پھر سوچو کیا سمجھے۔۔۔۔۔۔ اور نہیں سمجھے تو کیوں۔ سمجھنے میں کوئی لفظ آڑے آیا ہو تو اس کے معنی ڈکشنری میں دیکھو ایک لفظ کے کئی معنی ہوتے ہیں۔ پھر بھی سمجھ میں نہ آئے تو دوسرے دن پوچھ لو۔ غرض ایک ایک کر کے مجھ پر کتابوں کا اتنا بوجھ لادا کہ سچل کالج میں داخلہ لیتے ہی بنی۔

پڑھنے کی طرف مجھے راغب ہی نہیں کیا بلکہ محمود صدیقی۔ بدر ہاشمی مرحوم اور بینش سلیمی مرحوم کو بھی یقین دلایا کہ حصول علم کے لئے عمر کی قید نہیں ہوتی۔ نجانے اور کتنے لوگ عشقی صاحب کی وجہ سے پڑھنے لکھنے اور ڈگری لینے کی

طرف مائل ہوئے ہوں گے۔ مجھے اس کا علم نہیں ہے۔ پھر ۱۹۵۷ء آگیا۔ عشقی صاحب نے دو تین تاریخی اور نیم تاریخی کتابوں کی نشاندہی کر کے حکم دیا۔ ان کتابوں میں جنرل بخت خاں پر جتنا مواد ملتا ہے وہ سب یکجا کر کے مجھ کو دکھاؤ۔ میں نے اپنی بساط کے مطابق وہ سب ایک کاپی میں اُتارا، جو، ان کتابوں میں جنرل بخت خاں کے نام اور کام سے متعلق تحریر تھا۔ اس طرف سے مطمئن ہوئے تو کہا اب ایک ڈرامے کا خاکہ بناؤ میں نے دوسرے دن خاکہ بنا کے دکھایا تو کہا اب ڈرامہ لکھو۔ تین چار دن میں ڈرامہ لکھ کے پیش کر دیا۔ اس ڈرامہ کے کئی صفحات موڑے۔ کئی صفحات پر سرخ پنسل سے کراس بنایا۔ وہ کاپی مانگی جس میں جنرل بخت خاں کے بارے میں مختلف کتابوں سے حوالے اور نوٹس لئے گئے تھے اس کاپی میں کئی جگہ ٹک (Tick) لگائے۔ پھر کہا ان ساری باتوں کو ڈرامے میں شامل کرو اور جو صفحات موڑ دیئے ہیں وہ شامل کرو جن پر کراس بنایا ہے وہ نکال دو۔ میں نے دوبارہ ڈرامہ لکھ کے پیش کر دیا۔ یوں میرا پہلا لکھا ہوا ڈرامہ ریڈیو پاکستان حیدر آباد سے مئی ۱۹۵۷ء سے نشر ہوا۔ اس کے بعد دو چار نہیں دس پندرہ ڈرامے لکھے۔ ادبی پروگرام میں افسانے تو پڑھتا ہی رہتا تھا۔

حیدر آباد میں رومانی کردار ادا کرنے کے لئے دو مردانی خوبصورت آوازیں تھیں۔ ایک حمایت علی شاعر صاحب دوسرے محمد علی۔ لیکن ان دونوں آوازوں میں ایک خرابی بھی تھی High pitch پر جا کے یہ دونوں آوازیں باریک ہو کر

جھر جھری ہو جاتی تھیں چنانچہ ایسے ڈرامے جن میں بادشاہ، جج یا بلند آہنگی کا اظہار کرنا ہو۔ میرے حصے میں آتے تھے لیکن عشقی صاحب نے جتنے ڈرامے پروڈیوس کئے۔ ان میں رومانی کردار بھی مجھ سے ہی ادا کرائے۔

عشقی صاحب کی بات کرتے کرتے خواہ مخواہ اپنے بارے میں کہنے لگتا ہوں۔ اسی کو کہتے ہیں گزرتے وقت کو گزارنا۔ بہر حال آیئے عشقی صاحب کے بارے میں کچھ باتیں۔ کچھ تاثرات اور۔۔۔۔۔۔

عشقی صاحب کا ذہن علمی ہے۔ وہ جہاں جاتے ہیں وہاں کا علم سمیٹ لیتے ہیں۔ اردو، فارسی، انگریزی اور ہندی تو گویا ان کے گھر کی زبانیں ہیں۔ پشاور میں رہے تو پشتو اہل زبان کی طرح لکھنے اور بولنے لگے جیسے وہیں کے ہیں۔ اور ہیں وہیں کے۔ خالص یوسف زئی پٹھان۔ جب پشتو جانتے ہیں تو بھلا ہند کو کو کیوں چھوڑا ہو گا۔ پنجابی زبان و ادب سے آگاہ اس لئے کہ لاہور میں بھی قیام رہا ہے۔ ملتان پوسٹنگ ہوئی تو مہر عبدالحق نے عمر خیام کی رباعیات کی سرائیکی زبان میں ترجمہ کیا۔ اس کتاب کا دیباچہ عشقی صاحب نے لکھا۔ ابھی چند روز پہلے کی بات ہے، میں نے اپنے ڈراموں کی کتاب ملتان میں ایک دوست کو بھیجی تو انہوں نے لکھا: مجھے یہ دیکھ کر خوشی ہوئی کہ آپ نے کتاب کا انتساب الیاس عشقی صاحب کے نام کیا ہے۔ ہم ملتان والے عشقی صاحب کی بہت عزت کرتے ہیں۔ ایسا عالم فاضل شخص ان کے جانے کے بعد ریڈیو ملتان کو میسر نہیں ہوا۔

اس طرح کی تحریروں سے عام طور سے بات سے بات نکلتی رہتی ہے۔ اب میرے ڈراموں کی کتاب کی بات چلی ہے تو اسی حوالے سے چند باتیں اور۔۔۔۔۔

"جنگل زمین خوشبو" کے نام سے میں نے اپنے سات ڈراموں کا مجموعہ شائع کیا تو اس کو عشقی صاحب کے نام معنون کیا کہ مجھ سے ڈرامے لکھوانے کی ابتداء انہوں نے ہی کی تھی۔ کتاب عشقی صاحب کی خدمت میں ارسال کی تو مجھے لکھا

ماشاءاللہ

سلطان بھی ہو

جمیل بھی ہو

نسیم بھی ہو اور

سلطان جمیل نسیم بھی

جو ان میں سب سے زیادہ پسند ہو سمجھ لو اسی نام سے مخاطب کر رہا ہوں۔ کتاب ملی۔ شکر گزار ہوں میں نے نوکری کی تم نے اپنی کتاب پر میرا نام لکھ دیا اسے غلط بخشی کہوں کہ منت کرم داشتین، میرے لئے ایک ہی راستہ کھلا ہے کہ سپاس گذار ہوں۔

ہر بات کا ایک اچھا پہلو بھی ہوتا ہے اس کا یہ ہے کہ نام لکھ کر تم نے اپنی کتاب پر دو حرف تعریف کے لکھنے سے محروم کر دیا۔ تم کو معلوم ہے کہ میں انجمن (امداد نہی دادِ باہمی (زیادہ نفاست پسند ہو تو تحسین باہمی کہہ لو) سے دور ہی رہا ہوں میرے

لئے اسی میں عافیت بھی تھی۔

تاجدار عادل سے میرا اسلام کہو اور اس کے گھر کا پتہ لکھو اسے ایک نیم کاروباری خط (جو میں نے کبھی نہیں لکھا) لکھوں گا۔ دفتر کے پتے پر لکھوں گا تو یہی کاروباری ہو جائے گا۔ اس سے کہنا کہ اس کا جواب ضرور دے (سراسر غلط بات تو میں کسی سے کہتا نہیں ہوں۔) یہ دوستانہ مشورہ ہے سچ مچ کا کاروباری خط نہیں ہے۔ کبھی کبھی یاد کر لیا کرو۔ میں نے تو یہ خط بھی مشکل سے لکھا ہے۔ انگلیوں کی قلم پر گرفت نہیں رہی۔ بہر حال اس حالت میں بھی دوستوں کو لکھوں تو خوشی ہوتی ہے۔ اللہ خوش رکھے۔

الیاس عاشقی

اس خط میں عشقی صاحب نے لکھا ہے کہ دو حرف تعریف کے اپنی کتاب پر لکھنے سے محروم کر دیا۔ اس بات پر مجھے یاد آیا کہ میری پہلی کتاب "کھویا ہوا آدمی" ۱۹۸۵ء میں شائع ہوئی۔ تو کسی جانب سے اصرار ہوا کہ میں تعارفی تقریب منعقد کروں۔ لیکن میں اپنے تعلق سے ایسی کسی تقریب کے حق میں آج تک نہیں ہوں۔ چنانچہ پہلی کتاب کے بارے میں بھی اپنے مؤقف پر ڈٹا رہا لیکن حیدر آباد سے سید کاظم رضا مرحوم نے صرف اصرار نہیں کیا بلکہ ایک پروگرام بنا کر بھیج دیا کہ اگر اس تاریخ کو حیدر آباد نہیں آئے تو ان بزرگوں اور دوستوں کو کیسے منہ دکھاؤ گے۔ جن سے میں نے مضمون لکھنے اور تقریر کرنے کا وعدہ لیا ہے اور مجھے جو نام لکھ کر

بھیجے ان میں سے ایک عشقی صاحب کا بھی تھا۔ چنانچہ میں اپنے چند کرم فرماؤں کے ساتھ حیدر آباد پہنچا۔ کراچی سے جو لوگ میرے ساتھ گئے تھے ان میں انجم اعظمی ،انور ،، منظر امکانی، انور عنایت اللہ بھی شامل تھے۔ ان مرحومین میں سے انور کو مہمان خصوصی بنایا گیا۔ انور عنایت اللہ اور انجم اعظمی نے تقریریں کی اور منظر امکانی نے تصویر کشی کی۔۔۔۔۔۔۔ عشقی صاحب نے جو مضمون پڑھا وہ شاید میرے دوست نسیم درانی کے پاس ابھی تک محفوظ ہے۔ اس مضمون میں عشقی صاحب نے واقعی دو حرف میری کتاب کے حق میں لکھے تھے۔ اپنی ذات اور اپنی کتاب کھویا ہوا آدمی کے حوالے سے لکھے جانے والے دو مضمون مجھے بہت پسند ہیں۔ مشفق خواجہ صاحب کا مضمون تو سیپ میں شائع ہو چکا ہے، دوسرا مضمون عشقی صاحب کا ہے۔ مزے کا مضمون ہے اور پڑھنے کے قابل۔ یہاں اس تقریب کا ذکر نکل آیا ہے تو میں اپنے مرحوم دوست سید ارتضا عزمی کا ایک قطعہ اور چند ثلاثیاں لکھ دوں کہ عزمی صاحب سے عشقی صاحب کے بھی مراسم تھے اور ان کے بہانے سے میری تسلی ہونے کے ساتھ ساتھ عزمی صاحب کے اشعار بھی محفوظ ہو جائیں گے۔

قطعہ

کھویا ہوا آدمی کی تقریب

دراصل ہے روشنی کی تقریب

یارانِ ادب کو ہو مبارک

مجموعہ فکر و آگہی کی تقریب

ثلاثیاں

یہ افسانہ نگار محنت سے

زندگی کی کہانیاں کیا کیا

لکھ رہا ہے طویل مدت سے

☆

اس حقیقت سے کس کو ہے انکار

کون ہے بے نیاز شہرت سے

کوئی شاعر ہو یا فسانہ نگار

☆

عنوانِ کتاب بن گیا ہے

یہ مطلع خوش نما صبا کا

سلطان کا خواب بن گیا ہے

☆

"کونین تلاش میں رواں ہے"

ہے فکر جمیل اس کی شاہد

"کھویا ہوا آدمی کہاں ہے"

☆

یہ فکر و نظر کے تانے بانے

تصویر حیات بن گئے ہیں

سلطان جمیل کے فسانے

عشقی صاحب نے بے شمار تنقیدی مضامین بھی لکھے ہیں اور تحقیقی مقالے بھی۔ جو اپنے انداز تحریر کے سبب علیحدہ سے پہچانے جاسکتے ہیں کہ ان کا مصنف ڈاکٹر الیاس عشقی کے علاوہ اور کوئی دوسرا ہو ہی نہیں سکتا۔ اسی طرح ان کے خط لکھنے کا انداز بھی سب سے الگ ہے۔ ایک خط میں اوپر نقل کر چکا ہوں۔ اب دوسرا خط اور پڑھئے۔ یہ ایک تعزیتی خط ہے جو انہوں نے میرے والد محترم حضرت صبا اکبر آبادی کے سانحۂ ارتحال پر لکھا۔۔۔۔۔۔صبا صاحب کا انتقال ۳۰، اکتوبر ۱۹۹۱ء کو ہوا۔ ان کے انتقال کی خبر ریڈیو اور ٹیلیویژن سے بھی نشر ہوئی اور تمام اخبارات نے بھی نمایاں طور سے شائع کی۔ تعزیتی خط بھیجنے والوں میں بے نظیر بھٹو اور کوثر

نیازی سے لے کر نعیم صدیقی اور امجد اسلام امجد تک بے شمار سیاسی اکابرین اور ادبی شخصیات شامل ہیں۔ مروجہ الفاظ۔ ظاہری دکھاوا۔۔۔۔۔۔۔۔۔ لیکن عشقی صاحب کا خط سب سے الگ سب سے منفرد جیسے کوئی گلے لگا کر تسلی دے رہا ہو۔

برادرم سلطان جمیل نسیم!

السلام علیکم!

ایسا خط بھی تم کو لکھنا پڑے گا اس کا خیال تک کبھی نہ آیا تھا۔ دو دن سے سوچ رہا تھا کیا لکھوں لفظ نہیں ملتے وہ لفظ جن میں اثر ہو اور جن سے تم کو اور سب گھر والوں کو سکون ملے صبر آ جائے۔ خود مجھے اپنی حالت دیکھ کر اندازہ ہوتا ہے کہ تمہارا حال کیا ہو گا۔ صبا صاحب میرے بزرگ تھے تمہارے والد تھے۔ یہ خبر سنی تو اس وقت کئی لوگ موجود تھے کسی طرح ضبط کر لیا۔ تنہائی میں رویا اس محبت اور مروت کو جواب میسر نہ ہو گی۔ جس دن کے تصور سے بھی خوف آتا تھا وہ گزر گیا۔ صبا صاحب کے چلے جانے سے والد کا غم بھی تازہ ہو گیا کہ محبت اور وضعداری میں یہ سب لوگ فرد واحد کی طرح تھے۔ صبا صاحب کی موت نے ہم کو غریب کر دیا ہے۔ ایک شخص کی موت، ایک بڑے شاعر کی موت نے ایک غزل گو، مرثیہ اور سلام نگار، نعت گو، تضمین نگار، رباعی گو، مترجم، نثر نگار، خاکہ نگار، مدیر اور ایسے انسان کو ہم سے چھین لیا جس کا ظاہر و باطن ایک تھا۔ رند پاکباز، مومن صادق، محفل آراء اب ان جیسا کون ہو گا۔ ان کی آواز کانوں میں گونج رہی ہے اور چہرہ

آنکھوں کے سامنے ہے۔ ایسے لوگ دنیا میں کہاں ہوتے ہیں جن سے دور رہ کر بھی قرب کا احساس رہتا تھا۔ کیسی محرومی ہے۔ ہائے۔

بات رسمی ہے مگر رسمی بات کی طرح نہیں کہہ رہا کہ صبر کرو اور سب کو صبر کی تلقین کرو۔ مناسب الفاظ میں تاجدار کو میری طرف سے پرسا دو کہ غم تو زندگی بھر کا ہے یاد آتے رہیں گے مگر اب ان سے صرف دعا کا رشتہ باقی ہے اس سے غافل نہ رہنا کہ اس سے دل کو سکون بھی ملتا ہے۔

تمہارا بھائی
الیاس عشقی ۴ نومبر ۱۹۹۱ء

عشقی صاحب کے خطوط تک بات پہنچ گئی ہے تو دو باتیں اور سن لیجئے۔ ۱۴ اگست ۲۰۰۰ء کو ٹی وی کے خبرنامے میں حکومت کی طرف سے "ستارۂ امتیاز" ملنے والوں کے نام نشر کئے گئے۔ ان میں ایک نام ڈاکٹر الیاس عشقی کا بھی تھا میں نے اپنی اور تاجدار کی طرف سے مبارکباد کا خط لکھا۔ جواب آیا

۱۹ اگست ۲۰۰۰ء

برادر عزیز۔ سلطان جمیل نسیم۔ دونوں کا شکریہ ہم تو حقیر فقیر لوگ ہیں۔ خدمت بھی کوئی ایسی نہیں کی ہے جن لوگوں کو ایسے اعزاز ملتے ہیں ان کی کم از کم نصف درجن کتابیں اور بہت کچھ ہوتا ہے۔ اپنا دامن خالی ہے خیال آتا ہے کہ غلط

بخشی کی تعریف میں آ جائے گا۔

زیادہ خوشی اس بات کی ہے کہ آپ جیسے احباب کو بہت خوشی ہوئی۔ خدا آپ کو مع اعزا کے شاد بامراد رکھے۔

الیاس عشقی

میرے پاس عشقی صاحب کے بہت سے خطوط ہیں سب کو نقل کرنا شروع کرو تو ایک کتاب مرتب ہو جائے۔ بات "ستارۂ امتیاز" ملنے کی نکلی ہے۔ تو اس تعلق سے دو ایک باتیں اور۔۔۔۔۔۔۔

حیدر آباد سے محمود صدیقی نے خط لکھا کہ ۱۶ ستمبر کو ڈاکٹر الیاس عشقی کے اعزاز میں ایک تقریب منعقد ہو رہی ہے مجھے شرکت تو کرنی ہی ہے لیکن مضمون بھی پڑھنا ہو گا۔۔۔۔۔ شخصیتوں پر مضمون لکھنا میرے بس کی بات نہیں ہے البتہ جن لوگوں پر مضمون لکھے ہیں ان کے تعلق سے اپنی بکھری ہوئی یادوں کو یکجا کر دیا ہے۔ محمود صدیقی کا خط ملنے کے بعد میں سوچ میں پڑ گیا کہ عشقی صاحب کے بارے میں کیا لکھوں۔ ۱۹۵۵ء سے ۱۹۶۱ء تک تواتر کے ساتھ ملنا جلنا رہا۔ ۱۹۶۱ء سے ۱۹۶۸ء تک مہینے میں ایک آدھ بار تھوڑی دیر کے لئے ملاقات رہی اور ۱۹۶۸ء کے بعد سے اب تک دو تین مختصر ملاقاتیں۔ ان ملاقاتوں میں صرف اتنا علم ہوا کہ عشقی صاحب کی ریڑھ کی ہڈی میں کوئی تکلیف ہوئی جس کی وجہ سے چلنا پھرنا کم ہوا اور

لکھنا پڑھنا وقت کے ساتھ جاری ہے۔ اکلوتے بیٹے نے، جو ڈاکٹر ہے اور کبھی مدینہ منورہ میں رہا ہے اور کبھی انگلستان میں۔ دونوں جگہ عشقی صاحب کو بلا کر ماہرین کی زیر نگرانی آپریشن کرائے ہیں لیکن اتنا افاقہ ہوا کہ کسی کا سہارا لے کر چہل قدمی کر لیتے ہیں اور مشکل سے خط لکھتے ہیں۔ محمود صدیقی کے خط کے جواب میں ایک سوالنامہ عشقی صاحب کو بھیجا کہ مجھے بڑھاپے میں امتحان دینا ہے آپ کے جوابات موصول ہو جائیں گے تو میں شاید اس امتحان میں کامیاب ہو جاؤں۔۔۔۔۔۔۔ جواب آیا۔

سلطان السلام علیکم!

تمہارے کہنے پر کچھ لکھ دیا ہے۔ بہتر ہے اسے استعمال نہ کرو، ویسے ہی جو تعلق خاطر ہے اس پر لکھ دو وہ بھی مختصر ہو مجھے اپنے متعلق بات کرنے اور سننے سے ندامت ہوتی ہے۔

تم بوڑھے کب سے ہو گئے؟ میری عمر ۸۷ سال ہے بیمار ہوں مگر خود کو بوڑھا نہیں سمجھتا جسم کے کمزور ہو جانے یا بیماری کی وجہ سے آدمی بوڑھا نہیں ہوتا۔ احساس سے ہوتا ہے۔ تم کو یہ احساس کیوں۔۔۔۔۔ صبا صاحب کا خیال کرو۔ بھری جوانی میں انہوں نے انتقال کیا کبھی خود کو بوڑھا نہیں سمجھا یا کہا۔ اگر تم بوڑھے ہو تو ہم تو پھر انتقال پر ملال کر چکے ہیں۔ تھوڑے لکھے کو بہت جانو اور اس خط کی ابتدائی سطروں پر عمل کرو۔ یہ بات کم نہیں ہے کہ تمہاری خاطر وہ باتیں لکھ بھیجی ہیں جو

شاید کسی کو نہ لکھتا۔

دعا گو

الیاس عشقی

اس خط کی پشت پر میرے سوالات کے جوابات تھے اور ان جوابات سے پہلے قوسین میں یہ عبارت۔ "بہتر ہے اسے استعمال نہ کرو یہ سوچ کر خوش ہو جاؤ کہ تمہارے حکم کی تعمیل کی گئی ہے۔)

میرا دل تو یہ چاہتا ہے کہ جو کچھ عشقی صاحب نے لکھا ہے اسے من و عن نقل کر دوں لیکن ان کا حکم بجالانے کی خاطر وہ سب اس طرح اور اس ترتیب سے نہیں لکھ رہا ہوں جیسے انہوں نے تحریر کیا صرف چند اہم باتیں جو ان کی

شخصیت کے تعلق سے ضرور ہیں ان ہی سے اکتساب کر رہا ہوں۔

الیاس عشقی صاحب جے پور سے ترک وطن کر کے 1948ء میں پاکستان آئے اور کوٹری شہر میں مقیم ہوئے۔ پاکستان آنے سے پہلے کالج میں پڑھاتے تھے۔ سال بھر بیکار رہنے کے بعد 1950ء سے ریڈیو پاکستان سے تعلق ہوا۔ لاہور اور پشاور میں 1955ء تک رہے جب حیدر آباد میں ریڈیو اسٹیشن قائم ہوا تو 1955ء میں حیدر آباد آگئے۔ جہاں تقریباً اکیس سال رہے۔ اور اسٹیشن ڈائرکٹر کی حیثیت سے راولپنڈی اور اسلام آباد میں بھی رہے ہیں وہیں سے 1983ء میں ریٹائر ہوئے

جب ریڈیو پاکستان کی مدت ملازمت تقریباً 34 سال تھی۔

سندھ کی سر زمین سے سچل سائیں کے بعد الیاس عشقی صاحب دوسری شخصیت ہیں جنہیں ہفت زبان شاعر و ادیب کہا جا سکتا ہے۔ مگر عشقی صاحب کی بے نیازی کا عالم یہ ہے کہ انہوں نے کبھی اپنے مجموعے ترتیب دینے کے لئے سوچا ہی نہیں۔۔۔۔۔۔۔ اگر وہ تمام کام سمیٹ کر یکجا کیا جائے تو سات آٹھ مجموعے شائع ہو سکتے ہیں اس کے علاوہ ان کے نثری مضامین جو انہوں نے اردو، فارسی، ہندی، انگریزی، سندھی اور پنجابی و سرائیکی زبان میں تحریر کئے ہیں ان کو جمع کیا جائے تو ہر زبان کا ایک مجموعہ ترتیب پا سکتا ہے۔ ان کے سندھی ادب کے تراجم کا مجموعہ "مہران موج" کے نام سے انجمن ترقی اردو کی جانب سے مدت ہوئی شائع ہو چکا ہے۔

فارسی کلام کا مجموعہ "شعر آشوب" کے عنوان سے کسی دوست نے شائع کر دیا تھا مگر اس کی طباعت اتنی ناقص تھی کہ اس چھپے ہوئے مجموعے کو چھپا کر رکھا۔

"اردو شاعری پر مغرب کے اثرات" یہ موضوع تھا ڈاکٹریٹ کے مقالے کا۔۔۔۔۔۔۔۔ جو سندھ یونیورسٹی سے حاصل کیا۔

الیاس عشقی صاحب قیام پاکستان کے بعد کوٹری شہر میں آکر رہے اور ۵۰ء میں ملازمت کے بعد پانچ چھ برس کے لیے سندھ سے باہر رہے۔۔۔۔۔۔۔ پھر تقریباً اکیس بائیس سال حیدر آباد میں گزارے ملازمت کا آخری دور بھی

جو سات آٹھ برس کا ہے سندھ سے باہر بسر کیا اور ریٹائرمنٹ 1983ء کے بعد سے حیدر آباد سندھ میں ہیں۔ کوٹری شہر (ضلع دادو) کے دوران قیام 1949ء میں والدہ کا انتقال ہوا۔ 1954ء میں شادی ہوئی۔۔۔۔۔۔ والد حضرت مولانا رزمی جے پوری بھی صوبہ سندھ کی خاک اوڑھے ابدی نیند سو رہے ہیں۔ شاہ عبد الطیف بھٹائی پر عشقی صاحب نے اتنا کام کیا ہے کہ شاہ صاحب کے تعلق سے منعقد ہونے والی سندھ یونیورسٹی کی کانفرنس کا افتتاح بھی عشقی صاحب سے کرایا گیا۔ یہ ساری باتیں کرنے کا مقصد یہ ہے کہ صوبہ سندھ سے سندھی زبان سے اور حیدر آباد سندھ سے عشقی صاحب کے عشق کا ربط و ضبط واضح کر سکوں۔ حیدر آباد سندھ میں ریڈیو پاکستان کی ملازمت کے ابتدائی برسوں میں وہ کئی سال تک ریڈیو ہوٹل میں رہے۔ ریڈیو ہوٹل کا اصل نام تو خدا جانے کیا تھا لیکن ریڈیو پاکستان قائم ہونے کے بعد ریجنل ڈائریکٹر کے علاوہ جتنے لوگ تبادلے پر آئے وہ سب اسی عمارت میں آ کے رہے اور ہم نے اس عمارت کو ریڈیو ہوٹل کے نام سے پہچانا۔ ۱۹۵۰ء کے بعد حیدر آباد سندھ میں ایک نئی بستی بسائی گئی۔ نام رکھا گیا لطیف آباد۔ حکومت وقت نے کوارٹر بنا کر بھی الاٹ کئے اور خالی پلاٹ بھی۔۔۔۔۔ مگر ریٹائرمنٹ کے بعد عشقی صاحب نے رہائشی پلاٹ خریدا قاسم آباد میں۔ یہ بھی حیدر آباد میں ایک نئی بستی بسی تھی۔ ہندوستان بھر سے ہجرت کر کے آنے والوں کا رخ سندھ کی طرف ہوتا تھا۔ جو کراچی میں نہیں ٹکا وہ حیدر آباد میں بس گیا۔ جن لوگوں کے عزیز رشتے دار

میر پور خاص، نواب شاہ، سکھر یا ان سے ملحقہ شہروں میں آن بسے تھے انہوں نے ان شہروں کا رخ کیا۔۔۔۔۔۔ عشقی صاحب کیونکہ کوٹری شہر میں آکر ٹھہرے تھے اس لئے انہوں نے قاسم آباد میں مکان بنانے کو ترجیح دی کہ قاسم آباد۔ کوٹری شہر سے قریب تھا۔ دیکھتے ہی دیکھتے ہوا بدلی۔ وڈیروں جاگیرداروں اور سیاست دانوں نے عوام پر اپنی گرفت کم ہوتے دیکھی تو مجمع لگانے کے لئے نفرت کی بین بجانی شروع کر دی اور اپنے پٹاروں میں سے وہ زہر بھرے سانپ نکالے جو برسوں کے مراسم اور تعلقات کو ڈسنے لگے۔ سائیں شاہ صاحب کے رسالو پر کام کرنے اور سند مانے جانے والے عشقی صاحب کو بھی قاسم آباد کا گھر چھوڑ کر لطیف آباد میں آباد ہونا پڑا۔ ممتاز افسانہ نگار حسن منظر کے ساتھ بھی یہی ہوا وہ لطیف آباد کا مکان فروخت کر کے گلستان سجاد میں بنائے ہوئے نئے مکان میں منتقل ہوئے تھے اور لٹ پٹ کے لطیف آباد آنا پڑا۔۔۔۔۔ یہ تلخ یادیں ہیں ان کو فراموش کر دینا ہی بہتر ہے اور عشقی صاحب یہ سب کچھ ایسے بھول گئے ہیں جیسے کچھ ہوا ہی نہیں۔ وہ سندھی زبان کی مٹھاس اور شاہ عبد اللطیف بھٹائی کے رسیلے کلام میں کھوئے ہوئے ہیں۔ خود عشقی صاحب کے سندھی کلام کو یکجا کیا جائے تو دو مجموعے ترتیب پا جائیں۔۔۔۔۔۔ آیئے اب عشقی صاحب کے بارے میں کچھ اور ہلکی پھلکی باتیں ہو جائیں۔

میں پہلے بیان کر چکا ہوں کہ عشقی صاحب خالص یوسف زئی پٹھان ہیں۔ لیکن

عشقی صاحب کے بقول اجداد یوسف زاد یا یوسف زئی ہونے پر فخر کرتے ہوں گے لیکن ان کے (عشقی صاحب) ذہن میں رنگ و نسل کی تفریق نہیں ہے وہ سب کو آدم زاد سمجھتے ہیں۔ اس لیے صرف آدم زاد ہونے پر بھی فخر نہیں کرتے کہ سب کو برابر سمجھتے ہیں فخر کریں تو کس بات پر۔۔۔۔۔۔ لیکن مجھے اس بات پر فخر ہے میں نے عشقی صاحب کے ساتھ کچھ وقت گزارا ہے اور اس وقت سے بہت کچھ حاصل بھی کیا ہے۔

محمد الیاس کا تخلص عشقی۔ اگر خود عشقی صاحب نے رکھا ہے تو یقیناً علم و ادب کی محبت میں رکھا ہے ورنہ جس نے بھی رکھا ہے ان کے علم حاصل کرنے کے عشق کو دیکھ کر ہی رکھا ہو گا۔

ایک مرتبہ میں نے حیدر آباد میں اپنے گھر پر ایک نشست رکھی۔ تنقیدی نشست ہوتی تھی مگر آخر میں شاعروں سے کلام بھی سننا پڑتا تھا۔ عشقی صاحب تشریف لائے۔ صدارت کے لئے دوٹوک انداز میں منع کر دیا۔ اس نشست میں مرحوم ممتاز مرزا نے سندھ کے لوگ گیتوں پر ایک مضمون پڑھا۔ پانچ سات منٹ کا مضمون۔ سب نے واہ واہ کی۔ عشقی صاحب نے بھی مضمون کی تعریف کرنے کے بعد سندھ کے لوگ گیتوں پر بات شروع کی۔ سوا گھنٹے تک یہ بتاتے رہے کہ سندھ کے کون سے علاقے میں کون سے لوک گیت کس موسم میں گائے جاتے ہیں۔ یہ بات آج کی نہیں ہے 1958ء کی ہے۔

محمد حبیب اللہ قریشی صاحب میر پور خاص میں رہتے تھے۔ "نیا دور" کراچی میں دوہوں کے تعلق سے ان کے چند مضامین شائع ہوئے تھے مگر سلیم جعفر کے نام سے۔۔۔۔۔۔ ان کو میں نے اکثر عشقی صاحب کے پاس آتے دیکھا۔ دونوں 'دوہے' کے چھند ماترا، اور ہندی شاعروں اور شاعری پر گھنٹوں باتیں کرتے رہتے تھے۔

عشقی صاحب علمی باتیں ذوق و شوق کے ساتھ کرتے ہیں لیکن کسی محفل میں نمایاں ہونے کا یا رہنے کا شوق نہیں ہے۔ اول تو مشاعروں میں شریک ہی نہیں ہوتے ' بحالت مجبوری شعر سنانے ہی پڑیں تو اپنے شعر ایسے پڑھتے ہیں جیسے دوسروں کا کلام سنا رہے ہوں۔ لیکن شعر کہیں' مضمون تحریر کریں یا خط لکھیں اس میں انفرادیت ہوتی ہے الگ سے ایک پہچان۔

استاد اختر انصاری اکبر آبادی نے جب حیدر آباد میں رہائش اختیار کی تھی۔ اور نئی قدریں کا اجراء کیا تھا اس زمانے میں۔ میں نے محسوس کیا عشقی صاحب استاد کو پسند نہیں کرتے تھے۔ "نئی قدریں" کے شاعر نمبر کا اعلان ہوا میں نے بہت سوچا کہ صبا صاحب پر کس سے مضمون لکھواؤں۔ اس وقت تک صبا صاحب کی غزلوں کا ایک مجموعہ بھی شائع نہیں ہوا تھا۔ میں نے عشقی صاحب سے گزارش کی۔ کہنے لگے۔ ٹھیک ہے چند غزلیں لا کے دے دینا مضمون لکھ دوں گا۔ میرے پاس صبا صاحب کی جو چھ سات بیاضیں تھیں وہ سب میں نے لے جا کے عشقی صاحب کے

سپرد کردیں۔ عشقی صاحب نے ہر غزل پڑھی ہر شعر پر نشان لگایا جو شعر بہت زیادہ پسند آیا اس پر صاد بنایا جہاں نقل کرتے ہوئے کوئی لفظ رہ گیا تھا اس مصرعے کے نیچے خط کھینچا پھر مجھ سے کہا یار صبا صاحب نے تو بہت غزلیں کہیں ہیں اتنا طویل مضمون نہیں لکھ سکوں گا وہ تو کتاب کا موضوع ہیں۔۔

یہ کہہ کر ایک مضمون میرے سپرد کیا مضمون تقریباً بارہ صفحات کا تھا۔۔ اب شرط لگادی "نئی قدریں" میں شائع نہ کراؤ تو اچھا ہے مجھے یہ آدمی اچھا نہیں لگتا۔۔ وہ آدمی عشقی صاحب کو اچھا نہیں لگتا تھا لیکن وہ جب بھی سامنے آکر بیٹھ جاتا۔۔ چائے بھی پلاتے سگریٹ بھی منگاتے اور کوئی پروگرام بھی دیتے۔۔۔ بعد میں تو حیدرآباد اسٹیشن سے کتابوں پر تبصرے کا پروگرام استاد اختر انصاری کے نام لکھ دیا گیا استاد کے آخری زمانے میں تو اس قدر مہربان ہوگئے تھے کہ استاد کی منعقد کی ہوئی ہر نشست میں شریک ہوتے نئی قدریں کے لئے مختلف موضوعات پر مضمون لکھنے کی فرمائش پوری کرتے بلکہ ایک مضمون تو استاد اختر انصاری پر ہی لکھ دیا جو نئی قدریں کے سلور جوبلی نمبر میں شائع ہوا۔

عشقی صاحب جس سے ناراض ہو جاتے اس سے بات نہ کرنے کی کوشش کرتے مگر جب وہ شخص ان کے سامنے بیٹھتا مسلسل باتیں کئے جاتا اور درمیان میں کوئی سوال بھی کرلیتا تو پہلے ہوں ہاں کرکے ٹالنے کی کوشش ہوتی۔۔ وہ جب بھی نہ جاتا تو اپنا کام چھوڑ کے اس کی طرف دیکھتے۔۔ ہنستے۔۔ اور کہتے۔۔ عجیب آدمی ہیں

آپ۔ میری ناراضگی نہیں سمجھتے۔ پھر ناراضگی کافور ہو جاتی۔

عشقی صاحب نے ایک مرتبہ حیدر آباد ریڈیو سے رواں تبصرہ Running Commentary بھی نشر کی ہے اس زمانے میں پاکستان کے وزیر اعظم حسین شہید سہر وردی مرحوم تھے ان کا تعلق عوامی لیگ سے تھا جو ترقی پسندانہ نظریات کی حامل سیاسی جماعت تھی چنانچہ مغربی پاکستان میں خاص طور سے تمام سیاسی جماعتیں سہر وردی صاحب کی حمایتی یا حامی نہیں تھیں پھر عوام اس بات سے بھی نالاں تھے کہ حکومت آئے دن کیوں بدل دی جاتی ہے حکومت بدلنے والا شخص گورنر جنرل غلام محمد جسمانی طور پر ہی نہیں بلکہ ذہنی طور پر بھی معذور تھا خدا جانے وہ کون سی قوت تھی جس کے بل بوتے پر وہ عنان اقتدار سنبھالے بیٹھا تھا آج کا زمانہ ہوتا تو فوراً امریکہ کو مورد الزام ٹھہرایا جاتا یا پھر آئی یم ایف کو بہر حال سہر وردی صاحب حیدر آباد کے دورے پر آئے وزیر اعظم کی آمد پر سول اسپتال کے سامنے ایک بڑا امیدان بھی تھا اور ایک تراہا بھی۔ وہاں جلسہ عام کا بند و بست کیا گیا آنکھوں دیکھا حال بیان کرنے کے لئے قرعۂ فال عشقی صاحب کے نام نکلا۔۔۔ یہ ایوب خان کے اقتدار سنبھالنے سے سوا سال پہلے کی بات ہے سربراہ حکومت کی حفاظت کے انتظامات بھی زیادہ نہیں ہوتے تھے اگر ہوتے تو اکتوبر ۱۹۵۱ء میں راول پنڈی میں لیاقت علی خان کیوں شہید کر دیئے جاتے۔۔؟

حسین شہید سہر وردی وزیر اعظم پاکستان جلسہ گاہ پہنچے۔۔۔ ان کی پارٹی کے

لوگوں نے۔۔ اور کچھ ابن الوقت قسم کے لوگوں نے ان کے گلے میں ہار ڈالے تالیاں بجائیں۔ مائیکروفون پر وزیر اعظم کی آمد کا اعلان کیا۔۔

یہ سارا آنکھوں دیکھا حال عشقی صاحب ریڈیو کے سامعین کو سناتے رہے۔ وزیر اعظم کی تقریر کے دوران کسی نے جوتا اسٹیج کی طرف پھینکا۔ عشقی صاحب نے کہا۔ لوگ اپنے محبوب وزیر اعظم کا استقبال پھولوں سے کر رہے ہیں۔

جلسے میں بھگدڑ مچی۔

عشقی صاحب کی ریڈیو پر آواز آئی۔ عوام اپنے وزیر اعظم کو قریب سے دیکھنے کے لئے حفاظتی عملے کی پرواہ نہ کرتے ہوئے ان سے ہاتھ ملانے کے شوق میں اور قریب جانے کے لئے کوشاں ہیں۔

جلسہ درہم برہم ہو گیا۔ سہر وردی صاحب کو ان کی گاڑی میں بٹھا کر جلسے لے جایا گیا۔

اور یوں عشقی صاحب کی جان اس رواں تبصرے سے چھوٹی۔

عشقی صاحب سگریٹ پینے کے عادی نہیں ہیں کسی کو زیادہ سگریٹ پینے کے نقصان سے بچانا ہو اس کے دو چار سگریٹ پی کر کہیں گے زیادہ سگریٹ نہ پیا کرو۔ لیکن کوئی سگریٹ پینے والا مہمان آ جائے تو اس کی تواضع میں جہاں فواکہات شامل ہوں گے وہاں سگریٹ بھی منگائے جائیں گے۔

عشقی صاحب نے ریڈیو ڈراموں میں بھی خاصے تجربات کئے ہیں بے گنتی منظوم ڈرامے لکھے ہی ہیں ایک مرتبہ طے کیا کہ جو لوگ ریڈیو سے مستقلاً وابستہ ہیں وہ مل کے ایک ڈرامہ لکھیں۔۔۔ اس زمانے میں حیدر آباد ریڈیو کے پروگرام آرگنائزر محمد عمر مہاجر تھے احمد عبدالقیوم (جن کو ریڈیو سے وابستہ ہر شخص بھائی جان کہا کرتا تھا) اور حمایت علی شاعر صاحب اسٹاف آرٹسٹ تھے اور خود پروگرام پروڈیوسر الیاس عشقی صاحب۔ چاروں نے مل کر ایک ڈرامہ لکھا ڈرامے کا مرکزی خیال کسی کو معلوم نہیں تھا ایک آدمی دس بارہ منٹ کا اسکرپٹ لکھ کر دوسرے کے سپرد کر دیتا تھا اس ڈرامے کا نام رکھا گیا "بنتی گئی کہانی" عشقی صاحب نے ریڈیو ڈرامے میں ایک اور تجربہ کیا ڈرامہ نشر بھی ہو اور ساتھ ساتھ اسٹیج پر بھی دکھایا جائے عشقی صاحب نے تین کھیل لکھے پہلا ڈرامہ حق بحقدار رسید تھا میں اس ڈرامے میں شریک نہ ہو سکا اس لئے کہ ان دنوں میں شدید ترین قسم کے ملیریا میں مبتلا تھا۔ پھر اگست 1965ء میں دوسرا ڈرامہ لکھا " پاگل کون " اس ڈرامہ کا مین کردار کہئے یا ہیرو ، میں تھا اور یہ واحد کردار تھا جو پاگل نہیں تھا اور پاگل خانہ دیکھنے کے لئے آیا تھا پاگل خانے میں انقلاب آ چکا تھا یعنی سارے پاگلوں نے مل کر عملے کو قید کر دیا تھا اور خود ان کی جگہ سنبھال لی تھی۔ ڈاکٹر بھی پاگل مریض بھی پاگل، اس کھیل میں شرکت کے لئے کراچی سے عبدالماجد مرحوم، محمود علی صاحب، اور محترمہ قمر رضوی آئی تھیں۔ اور لاہور سے محترمہ خورشید شاہد شریک ہوئیں، حیدر

آباد کے جن فنکاروں نے حصہ لیا ان میں محمود صدیقی، شفیق پراچہ، بدر ہاشمی، انور خاں اور قیوم علی صاحب شامل تھے۔

اس ڈرامے کی ایک یادگار بات یہ ہے کہ میں نے اپنی بیوی سے پہلے ان کی شادی کا جوڑا پہنا تھا۔ اس ڈرامے کے ایک سین میں پاگلوں نے، مجھ ایک ہوش مند کو ایک اسپیشل ڈنر پر مدعو کیا جس کے لئے خاص ڈنر سوٹ پہنا کے خاص ڈش Egg Shell Crush تیار کی تھی۔۔ عشقی صاحب سے کسی نے کہا تھا کہ اگر سرخ زنانہ جوڑا مل جائے تو وہ بہترین ڈنر سوٹ ہو گا بس عشقی صاحب کے ذہن میں بات بیٹھ گئی تو حضرات میں نے اسی طرح اپنی بیوی سے پہلے اس کی شادی کا سوٹ پہنا اور اسٹیج پر آیا۔

تیسرا ڈرامہ " الٹی ہو گئیں سب تدبیریں "۔۔۔۔۔۔ ۲۶ اگست ۱۹۶۷ ء کو حیدر آباد کے open air theater میں کھیلا گیا اس میں میرے علاوہ حیدر آباد سے جہانگیر آذر اور بینش سلیمی مرحوم تھے لاہور سے نعیم طاہر اور یاسمین طاہر آئے تھے کراچی کے فنکاروں میں محمود علی صاحب، نصیر الدین مرحوم اور محترمہ قمر رضوی نے شرکت کی اس اعتبار سے بھی یہ ڈرامے اہمیت کے حامل تھے کہ ریڈیو کے ڈرامے میں خاموشی کا ایک لمحہ بھی عیب سمجھا جاتا ہے جبکہ اسٹیج پر عمل و حرکت کی وجہ سے خاموشی کا وقفہ ہونے کے امکانات بہت زیادہ ہوتے ہیں۔ تیکنیکی طور سے اس محاذ پر اقبال جعفری صاحب نے صوتی اثرات کے ذریعہ بھرپور مہارت کا

مظاہرہ کیا تھا۔

اس وقت تک یہ مضمون مکمل نہیں سمجھا جائے گا جب تک یہ نہ بتا دیا جائے کہ ۲۰۰۳ء میں الیاس عشق صاحب کی کتاب "دوہا ہزاری" شائع ہوئی ہے جس میں ایک ہزار دوہے ہیں۔ اور اتنی تعداد میں دوہوں کی اب تک کوئی کتاب شائع نہیں ہوئی ہے۔

عشقی صاحب کو لکھنے پڑھنے سے عشق ہے، بزرگوں کے احترام میں کمی نہیں کرتے۔ لیکن چھوٹوں کو بھی اتنی عزت سے نوازتے ہیں کہ وہ بزرگ معلوم ہونے لگتے ہیں۔ بہت باتیں کر چکا۔ صبا صاحب کے ایک شعر پر اپنے تاثرات کا اختتام کرتا ہوں۔

پہلے آپ جنابِ عشقی کو دیکھئے پھر مجھے دیکھئے۔ یعنی پہلا مصرعہ عشقی صاحب کے لئے اور دوسرا میرے لئے۔

یہ دیکھئے کہ ہے بعد شباب کیا عالم
یہ سوچئے کہ ہمارا شباب کیا ہو گا

(مذکورہ بالا مضمون ۱۶/ ستمبر ۲۰۰۰ء کو حیدر آباد سندھ میں ڈاکٹر الیاس عشقی کے اعزاز میں منعقد ہونے والی ادبی محفل میں پڑھا گیا تھا۔)

☆

پس تحریر

۲۰۰۰ کے بعد عشقی صاحب سے کئی ملاقاتیں ہوئیں۔ ان ملاقاتوں میں سے ایک اِس اعتبار سے قابلِ تحریر ہے کہ میں نے بہت عرصہ کے بعد اُن کی ڈانٹ کھائی اور بقول حضرت صبا اکبر آبادی۔

چھا گیا اک نشہ اُن کی تلخیِ گفتار سے
آج پھر چھوڑی ہوئی مئے کا مزا یاد آگیا

تفصیل یہ ہے کہ جب ہفتہ دس روز میں کناڈا جانا ٹھہر ہی گیا ہے تو حیدر آباد جا کے عشقی صاحب اور قبلہ ڈاکٹر غلام مصطفیٰ خان کو سلام کر آئیں میرا بیٹا خواجہ علی محمد فرقان بھی امریکہ سے آیا ہوا تھا طے یہی ہوا کہ دونوں کناڈا ساتھ چلیں گے وہاں دو ایک روز رہنے کے بعد فرقان نیویارک چلے جائیں۔ جب میں حیدر آباد کے لئے چلنے لگا تو فرقان بھی ساتھ ہو لئے۔ کراچی سے حیدر آباد کا سفر بظاہر دو گھنٹے کا ہے لیکن اپنے گھر سے بذریعہ ٹیکسی یا رکشا، بس سٹینڈ تک جانا، اور وہاں بس میں بیٹھ کر بے بس ہو جانا۔۔ یوں یہ دو گھنٹہ کا سفر تقریباً دوگنے وقت کا ہو جاتا ہے۔ بس جب لطیف آباد سے پہلے قاسم آباد کے اسٹاپ پر ٹھہری تو فرقان نے کہا یہیں اترنا ہے۔ وجہ معلوم کی تو کہا، یہاں مہران بھائی رہتے ہیں۔ مہران میمن، میرے سب سے

بڑے بیٹے خواجہ جنید بختیار کے بچپن کا دوست ہے اسکول سے یونیورسٹی تک دونوں ساتھ پڑھے ہیں۔ ان دونوں بچوں کی دوستی کے سبب دونوں گھروں کے افراد بھی آپس میں شیر و شکر ہو گئے ہیں۔ چنانچہ قاسم آباد میں سیدھے مہران کے گھر پہنچے۔ اور پہلا کام یہ کیا کہ عشقی صاحب کو فون کر کے اپنے آنے کی اطلاع دی۔ انھوں نے پوچھا، کب تک پہنچو گے، جواب دیا ابھی ایک بجا ہے تین بجے تک آپ کی خدمت میں حاضر ہو جائیں گے اس لئے کہ یہاں سے پہلے قبلہ ڈاکٹر غلام مصطفیٰ کی خدمت میں حاضری دینے جائیں گے اور وہاں سے آپ کے پاس۔۔ یہ سن کر انھوں نے تاکیداً فرمایا بس تین بجے تک نہ سہی چار پانچ بجے تک ضرور پہنچ ہی جانا۔ میرا جواب تھا انشاء اللہ۔ مہران کے یہاں ذرا دیر کمر سیدھی کی کھانا کھایا اور یونیورسٹی کے نکلنے کا ارادہ کیا تو مہران نے اپنی گاڑی میں پہنچا دینے کی بات کر کے چائے کے لئے روک لیا۔ یونیورسٹی ڈاکٹر صاحب کے دولت کدے پہنچے تو معلوم ہوا قبلہ ناسازئ طبع کے باعث آرام فرما رہے

ہیں۔ سوچا، شعبۂ اردو میں ذرا جھانکا جائے، ڈاکٹر سعدیہ نسیم یا پروفیسر مرزا سلیم بیگ ہونگے ان سے ہلو ہائے ہو جائے۔ بس یہی غضب ہو گیا۔ شعبہ میں مرزا سلیم بیگ بھی مل گئے۔ اور عزیزہ نبیلہ زئی بھی مل گئیں، نبیلہ نے ایم اے کا مقالہ لکھنے کے لئے میری افسانہ نگاری کو موضوع بنایا تھا۔ مرزا سلیم بیگ صاحب نے ایک دیرینہ دوست ڈاکٹر عبدالحق خان حسرت کاسگنجوی کی بیماری کا ایسا نقشہ کھینچا کہ

عیادت کے جی مچل گیا۔ ڈاکٹر حسرت کاسگنجوی سے نصف صدی کے مراسم ہیں، ہم دونوں میں سیکڑوں خطوط کا تبادلہ ہو چکا ہے۔ وہ شاید ایک دو مرتبہ غریب خانے پر تشریف لا چکے ہیں میں ایک مرتبہ مرحوم دوست سید ارتضا عزمی کے ساتھ ۱۹۸۹ میں گیا تھا۔ یہاں بھی مرزا سلیم بیگ رہنمائی کے لئے تیار ہو گئے، سندھ یونیورسٹی کے اولڈ کیمپس سے نکل کر رکشا کیا جس میں ہم دونوں باوا بیٹے سوار ہو گئے۔ آگے آگے اپنی اسکوٹر پر مرزا سلیم بیگ۔ حسرت کے گھر پہنچے۔ یہ خبر تو مل چکی تھی کہ ڈاکٹر حسرت پر فالج کا حملہ ہوا ہے، لیکن اس حملہ نے ان کو اتنا پسپا کر دیا ہے یہ اندازہ نہ تھا۔ بیماری اور بزرگی رقیق القلب بنا دیتی ہے۔ ہمیں دیکھ کر حسرت کا دل بھی بھر آیا اور آنکھ بھی۔ یہ رقت انگیز منظر دیکھ کر مرزا سلیم بیگ نے کہا۔ مسرور احمد زئی قریب ہی رہتے ہیں میں ان کو بھی لے کر آتا ہوں۔ وہ گئے تو گھنٹہ بھر سے پہلے کی خبر نہ لائے لیکن جب آئے تو اُن کے ساتھ مسرور احمد زئی بھی تھے۔ مسرور۔ حیدرآباد سندھ سے ایک سہ ماہی رسالہ "نئ عبارت" کے نام سے نکالتے تھے۔ ایک تو اُس رسالے کے لکھنے والے کی حیثیت سے۔۔۔ دوسرے وہ بھی ڈاکٹر غلام مصطفی خان صاحب کے مرید (اب تو ماشاء اللہ مسرور صاحب' قبلہ ڈاکٹر صاحب پر تحقیقی مقالہ زیرِ نگرانی ڈاکٹر اسلم فرخی صاحب لکھ کر ہمدرد یونیورسٹی سے پی ایچ ڈی کی سند حاصل کر کے خود بھی ڈاکٹر ہو گئے ہیں) خیر مسرور صاحب کے آتے ہی محفل سے پژمردگی دور ہو گئی۔ مجھے عشقی صاحب کو دیئے ہوئے وقت

کے مسلسل گزر جانے کا احساس پریشان کئے جا رہا تھا۔ آخر میری بے کلی دیکھ کر مسرور صاحب نے وجہ معلوم کی۔ میرے بجائے پروفیسر مرزا سلیم بیگ نے وجہ بتائی، جس کو سن کر مسرور صاحب نے کہا۔"کاکا کی آپ فکر نہ کریں اُن کو میں سنبھال لوں گا۔"

میں نے کہا مجھے محمود صدیقی سے بھی ملنا ہے۔ مسرور نے کہا، وہ آپ کو کاکا کے ہاں ہی مل جائیں گے۔ عشقی صاحب کے لئے مسرور احمد زئی صاحب کی زبانی مسلسل "کاکا" سن کر مجھے اپنے سے چھوٹوں پر رشک آیا۔ پھر عشقی صاحب کے یہاں جانے کے لئے ڈاکٹر حسرت کاسگنجوی کو دلاسہ تسلی دے کر اُن کے گھر سے نکلے۔ اب دو اسکوٹر تھیں۔ ایک مرزا سلیم بیگ صاحب کی دوسری مسرور صاحب کی۔ جب گلیوں سے نکل کر سڑک پر آئے تو مغرب کی اذان ہو رہی تھی۔ میں مسرور احمد زئی صاحب کی سکوٹر پہ تھا۔ یہ کہنے کے بجائے کہ چلئے مغرب کی نماز پڑھتے ہیں، انھوں نے کہا، آپ کاکا کی فکر چھوڑیئے۔ ذرا لجپت روڈ تک چلتے ہیں وہاں سے واپس سیدھے کاکا کے گھر۔ لجپت روڈ پر مسرور صاحب کا پریس تھا، وہاں تقریباً آدھے گھنٹہ تک رکنے کے بعد۔ پروفیسر مرزا سلیم بیگ نے ایک نیا ہی سبق پڑھایا۔ انھوں مسرور احمد زئی سے کسی صاحب کا نام لیکر کہا، وہ صاحب تو سلطان جمیل صاحب سے ملنا چاہتے تھے ،جب یہاں تک آ ہی گئے ہیں تو ان سے بھی مل لیں۔۔ مسرور صاحب نے فوراً ہی تائید کر دی۔ چنانچہ لجپت روڈ سے نکل کر لیڈی

ڈفرن اسپتال کے برابر کوئی اسکول تھا وہاں پہنچے۔ یہ میرے خلاف سازش تھی۔ یا عشقی صاحب کے۔ یا مسرور صاحب اور مرزا سلیم بیگ صاحب کی خوش مذاقی۔۔۔ کچھ سمجھ میں نہی آ رہا تھا۔ اسکول میں کچھ پر آنے ساتھیوں جیسے قمر آرزو، قدیر غوثی سلیم انور۔ ظافر تشنہ۔ صاحبان سے ملاقات ہوئی تو معلوم ہوا آج مشاعرہ ہے۔ اور عبدالسعید شیخ صاحب مشاعرہ کے مہمانِ خصوصی تھے۔ سیکریٹری مشاعرہ عبدالباری معینی تھے۔ منتظمین سے چند لمحے باتیں کرنے کے بعد مرزا سلیم بیگ میرے پاس آئے اور نہایت معصومیت سے فرمایا۔ تھوڑی دیر مشاعرہ میں ٹھہر کر عشقی صاحب کے یہاں چلتے ہیں۔

حیدرآباد وہ شہر ہے جہاں میں نے اپنی اُس عمر کا وہ حصہ گزارا ہے جس کو چھٹپن اور نوجوانی کہتے ہیں۔ جس طرح نوجوانی کا دور گزر گیا اسی طرح سندھ کے شہروں کی فضا بھی بدلی تھی۔ حیدرآباد کے راستے۔۔۔۔ خصوصاً لطیف آباد کے، میرے لئے اجنبی ہو گئے تھے۔ پھر شام ڈھلے راستے اندھیرے اور روشنی میں اتنی شکلیں بدلتے ہیں کہ دیکھے بھالے رستوں پر چلتے ہوئے خوف سا آتا ہے۔ میں مسرور احمد زئی اور مرزا سلیم بیگ کے اشاروں پر چل رہا تھا۔ مشاعرے کی صدارت میرے ذمہ ہوتے دیکھی تو حیدرآباد کے کھانے پر واہ واہ کرنے کے لئے فرقان مشاعرہ گاہ سے باہر جا کے کسی ہوٹل میں جا بیٹھے۔ مشاعرہ آدھی رات کے بعد ختم ہوا۔ میں نے مسرور صاحب سے استدعا کی ، حضرت ہمیں کسی ہوٹل تک چھوڑ

دیجئے۔ میری بات ہنسی میں اڑادی اور بے نیازی سے فرمایا۔ آپ بالکل پریشان نہ ہوں کاکا بہت رات تک جاگتے ہیں۔ پروفیسر مرزا سلیم بیگ اور مسرور احمد زئی فروری ۲۰۰۴ کے تیسرے ہفتہ کی رات میں ہمیں اپنے اپنے اسکوٹر پر لے کے اُڑے جارہے تھے اس بات سے بالکل بے خبر کی میرے ہوش اُڑے جارہے ہیں۔ میں نے ڈر کے مارے گھڑی نہیں دیکھ رہا ہوں۔ مسرور صاحب نے اسکوٹر ایک طرف کھڑی کر کے دروازہ پر آواز لگائی۔۔۔۔کاکا۔۔۔۔ پھر آہٹ پر کان لگائے، مسکرا کے میری طرف دیکھا اور کہا۔ میں نے کہا تھا نا، ابھی جاگ رہے ہونگے۔ دروازہ کھلا۔ میں نے ڈرتے ڈرتے قدم اندر رکھا۔ عشقی صاحب سفید کلف لگے شلوار قمیص میں ملبوس، 'واکر' کے ساتھ چلتے ہوئے تشریف لائے۔ واکر چھوڑ کر جب ایک کرسی پر بیٹھ گئے تو۔۔۔۔ اِس پہلے کہ مسرور احمد زئی کچھ کہتے یا مرزا سلیم بیگ میری مدد کو آتے۔۔۔۔ مجھے موسم کی خرابی کا اندازہ ہو چکا تھا۔۔ پہلے بادل گرجے اور خوب برسے۔۔۔"۔ معلوم ہے تمہاری وجہ سے اُن شریف دوستوں کے سامنے کتنی خفت اُٹھانا پڑی جن کو کھانے پر بلایا تھا کیا سوچتے ہوں گے اور۔۔۔۔ یہ کون صاحب ہیں،؟" ان کی نظر فرقان پر گئی۔ میں ڈرتے ڈرتے کہا اپنا حمایتی بنا کر لایا ہوں، میرا بیٹا ہے۔۔۔۔ اب کیسا غصہ ایک دم لہجہ بدل گیا، فرقان کی طرف دیکھ کر کہا۔ تمہارے ابا کو اُس وقت سے جانتا ہوں جب یہ تمہاری عمر کے تھے۔ اِدھر آؤ۔۔۔۔ فرقان اُٹھ کر پاس گیا تو اس کی پیشانی چومی۔ خوش رہو کہہ کر

دعا دی۔۔۔۔ تھوڑی دیر باتیں کرتے رہے۔ پھر مسرور احمد زئی صاحب نے کہا۔ اچھا کاکا اب اجازت دیجئے۔ انہوں نے گرم جوشی سے ہاتھ ملایا، اور اپنی جگہ بیٹھے رہے۔ میری یہ ہمت بھی نہ تھی کہ کہہ سکتا کہ کھانا نہیں کھلانا ہے تو نہ کھلایئے۔ مگر ہمیں رات کو سونے کی اجازت تو دیجئے۔ جیسے پروفیسر مرزا سلیم بیگ نے سلام کر کے ہاتھ ملایا ایسے ہی مسرور احمد زئی نے یہ کہہ کر کل کے لئے راہ ہموار کی۔۔۔ اچھا کاکا۔ کل ملاقات ہو گی۔ فرقان نے آگے بڑھ کے سلام کیا تو اُس کے کندھے کو تھپتھپا کے دعائیہ جملہ کہا۔ بے رخی کے ساتھ مجھ سے ہاتھ ملایا، تو میں لمحہ بھر ہاتھ تھامے رہا، ذرا سا مسکرائے۔ "بہت نامعقول ہو بچپن ابھی تک باقی ہے، جاؤ۔ خوش رہو۔" ہم عشقی کے گھر سے نکلے اور مسرور احمد زئی کے گھر پہنچے۔۔

عشقی صاحب کی غزلوں نظموں کا مجموعہ "گنبدِ بے در" جب مجھے ملا تو میں نے رسید بھیجی، ساتھ ہی یہ بھی لکھ دیا کہ گنبد بے در کی ترکیب غالب کی ہے اور آپ ہی نے بتایا تھا کہ آسمان کے لئے غالب نے یہ ترکیب استعمال کی تھی، آپ کے آرٹسٹ صاحب نے اس ترکیب کو "انڈا" کے لئے استعمال کیا ہے مگر اس انڈے میں سے وہ خود چوزے کی طرح خود کیوں جھانک رہے ہیں۔ دو سطری خط ملا۔ "جو بات سمجھ میں نہیں آتی ہے، اس کے بارے میں چونچ کیوں کھولتے ہو۔ وہ انڈا نہیں ہے چاند ہے اور وہ چوزا نہیں چاند کا داغ ہے۔" میں نے لکھا میں آپ کے آرٹسٹ سے مباحثہ کرنے حیدر آرہا ہوں، خط کے بجائے فون کیا اور فرمایا۔ آجاؤ۔ اپنے ساتھ تاجدار کو

بھی لے آؤ، تم لوگوں سے ملنے کو جی چاہتا ہے۔۔۔ جانا آنا اپنے اختیار میں کہاں۔ بس پروگرام بنا کے رہ گئے۔۔

ایک بار کناڈا سے فون پر بات کی اور میں نے کہا خط لکھوں گا۔ فوراً جواب دیا، لیکن میں شاید جواب نہ دے سکوں۔ کوئی لفافے لا کے رک دیتا ہے۔ لیٹر بکس قریب ہے۔ کناڈا کے لئے خاص طور سے ٹکٹ منگا کر رکھنے پڑیں گے اور یہ بھی معلوم نہیں کتنے کے ٹکٹ لگتے ہیں اس لئے صاف کہے دیتا ہوں، تم جواب کی توقع کئے بغیر خط لکھتے رہو۔۔۔ پاکستان گیا۔ وہاں سے خط ہی لکھے اور ہر خط کا جواب پایا۔۔۔ اب سوچ رہا ہوں اتنی پابندی سے خط کا جواب کہاں ملے گا۔ اس محبت سے اور اتنی صاف گوئی سے اب کوئی باتیں کرنے والا بھی نہیں رہا۔

سعودی عرب میں ڈاکٹر الیاس عشقی اپنے اکلوتے بیٹے کے پاس علاج اور رہنے کی غرض سے گئے تھے اور وہیں سے ۱۲/ جنوری ۲۰۰۷ء کو اپنے خالق کی طرف روانہ ہو گئے۔ سوچا ہو گا جب یہاں تک آ ہی گئے ہیں تو اللہ تعالیٰ سے ملاقات کئے بنا کیا جائیں۔

* * *